Claudia Souto e Paulo Augusto

OXUM

Lendas, arquétipo e teologia

OXUM |2| Lendas, arquétipo
e teologia

Copyright © 2020 Editora Rochaverá Ltda. para a presente edição

Todos os direitos reservados para a Editora Rochaverá Ltda. Nenhuma parte desta edição pode ser utilizada ou reproduzida por qualquer método ou processo sem a expressa autorização da editora.

OXUM |4| Lendas, arquétipo
e teologia

Título
Oxum
Lendas, arquétipo e teologia

Autores
Claudia Souto / Paulo Augusto

Revisão
Ileizi Jakobovski / Alexandra Baltazar

Capa
Fábio Galasso / Thiago Calamita

Edição e Diagramação
Fábio Galasso

Internacional Standard Book Number
ISBN: 978-65-00-02377-0 / 64 páginas

Sumário

Introdução - 8

Lendas, arquétipo e definições de Oxum - 11

Definições - 12

Os Orixás segundo as tradições religiosas - 12

Lendas e Histórias do Orixá Oxum - 15

Arquétipo - 16

Orixá da Materialidade - 18

Orixá do Amor - 19

Características pessoais dos filhos de Oxum Orixá - 20

Aparição de Nossa Senhora - 22

Coroação e manto azul - 24

Sincretismo - 25

Nossa Senhora ou Oxum? Quem é a Santa? - 28

Teologia Espírita Oxum - 31

Mártir ou Orixá? As Fontes Divinas - 32

Filhos da Vida - 38

Natureza Santa e os Santos - 41

Porque representam as forças da natureza - 44

Oxum, santidade sobre águas doces - 46

Oxum Orixá do amor - 48

Simplesmente Oxum Orixá - 50

Abrigo divino - 52

Devocionário aos Santos e Servos de Deus - 55

Conhecendo os Santos - 56

Falando com Deus através dos Santos - 58

Santificados sejam todos os Santos - 60

Devoção aos Santos Espíritos - 62

INTRODUÇÃO

Este livro surgiu da real necessidade dos espíritas e filhos de Mamãe Oxum terem algo segmentado em que pudessem pesquisar e aprender ainda mais sobre essa santidade, fonte de energia de luz espiritual divina de uma forma mais sacrossanta e não somente através das lendas e histórias de vossa unidade.

O conteúdo deste livro está dividido em duas partes, sendo a primeira parte, a história sobre as lendas e o arquétipo segundo o entendimento popular e as tradições das religiões de matrizes espírita/africana e a segunda parte um conteúdo teológico espiritual segundo as orientações e ensinamentos de A Bíblia Real, a primeira bíblia espírita do mundo.

E para facilitar este entendimento teológico inserimos uma introdução teológica sobre a mediunidade e as forças espirituais que regem e governam essas forças santificadas em terra para lhe ajudar na busca e no entendimento santo em relação ao trabalho dos santos em terra.

No final, colocamos alguns conceitos teológicos da doutrina espírita umbandista através da ótica dos espíritos, pois consideramos relevantes que cada ser tenha consciência do caminho que segue, enquanto espírita e devoto dos espíritos.

Para finalizar desejamos que todo este trabalho seja uma mais-valia para todos os que servirem dele, pois o conhecimento teológico é essencial na vida de todos aqueles que busquem crescer e evoluir através dos espíritos.

Os autores:

A Bíblia Real

OXUM |10| Lendas, arquétipo
e teologia

Lendas, arquétipo e definições de Oxum

1. Definições

Cor: Azul Escuro ou Amarelo

Elemento: Águas doce

Dia da semana: Sábado

Comemoração: 08 de Dezembro

2. Os Orixás segundo as tradições religiosas

Os Orixás são ancestrais divinizados pelo culto do candomblé, religião trazida da África para o Brasil, durante o século XVI, pelo povo ioruba. Entre os vários Orixás que eram cultuados então Ogum, dono do ferro e do fogo, também defensor da ordem, grande guerreiro que abre caminhos e vem de lutas, cuidando e protegendo os mais fracos e indefesos. Outro Orixá importante é Exú, senhor do princípio e das transformações

De acordo com o Dicionário de Cultos Afro-Brasileiros de Olga Cacciatore, os Orixás são divindades intermediárias entre Olorum (o deus supremo) e os homens em terra. Na África eram cultuados cerca de 600 Orixás, destes foram trazidos para o Brasil cerca de 50, que estão reduzidos por volta de 16 no Candomblé e cerca de 8 na Umbanda.

Mas muitos destes são considerados como antigos reis, rainhas e heróis divinizados, os quais representam as vibrações das forças e elementos da Natureza como raios, trovões, tempestades, águas, caça, colheita, rios, cachoeiras, como também grandes ceifadores da vida humana, representando as doenças e pestes epidêmicas; e ainda cobradores das leis sociais e do direito, como leis morais bem como as leis divinas por força da justiça santa do Criador através dos Exús.

No Brasil, cada Orixá foi associado a um santo da igreja católica, numa prática que ficou conhecida como sincretismo religioso. Oxum é sincretizada como Nossa Senhora da Conceição, na maioria doa estados brasileiros, sua data é comemorada em 08 de dezembro.

3. Lendas e Histórias do Orixá Oxum

Segundo as lendas e o conhecimento popular e das religiões de vertente espírita/africana Oxum é a rainha das águas doces, dona dos rios e cachoeiras bastante cultuada no Candomblé e na Umbanda.

Conta a lenda que Oxum é a segunda esposa de Xangó e representa sabedoria e poder feminino. Também é vista como deusa do ouro e do jogo de búzios. É a deusa do rio que fica no continente africano, mais precisamente no Sudoeste da Nigéria.

Conhecida pelos nomes: Osun, Oshun, Ochun, ou Oxum é uma Orixá ligada, ao ouro a riqueza e a fartura material.

É a senhora da prosperidade, e segundo a lenda distribui riquezas materiais e espirituais aos fiéis que cultuam a Orixá com regularidade.

4. Arquétipo

O arquétipo deste Orixá é uma mulher graciosa e elegante, que tem gosto por joias, perfumes e roupas. Seus filhos são considerados pessoas extremamente vaidosas e conquistadoras; gostam bastante de luxo e suntuosidade em tudo o que fazem. São pessoas bastante sociáveis e estão sempre se relacionando amorosamente. São por natureza pessoas objetivadas e com metas bem desenhadas e favoráveis para suas conquistas

Este arquétipo representa toda a beleza, sendo conhecida como deusa do amor, da fertilidade e da maternidade; responsável pela proteção as grávidas, seus fetos e dos recém-nascidos, sendo adorada pelas mulheres que desejam ter filhos e serem mães.

Essa entidade carrega um espelho na mão como demonstração de sua beleza, vaidade e feminilidade. E seus filhos são considerados igualmente vaidosos e preocupados com a aparência e a forma como se apresentam socialmente, sempre elegantes e bem apresentáveis, pois gostam de serem observados como pessoas que se cuidam.

5. Orixá da Materialidade

Segunda a sua lenda, sua beleza tem domínio na natureza sobre as águas doces, as cascatas, e as cachoeiras, rios e chuva fértil e leve.

No corpo humano, Oxum rege o aparelho reprodutivo e os hormônios.

Orixá ligado a maternidade, é considerada uma deusa africana incorporada à Umbanda, que está intimamente ligada à fecundidade, à gravidez e a criação dos filhos.

Por isso, segundo a tradição religiosa, na Umbanda as mulheres que desejam ter filhos recorrem a Mamãe Oxum.

De acordo com a cultura religiosa a Orixá Oxum te domínio sobre o líquido amniótico, a gravidez, sobre o feto e sua proteção à criança estende-se até os sete anos de idade, quando passa a responsabilidade ao Orixá da cabeça.

6. Orixá do Amor

Segundo sua lenda Oxum rivaliza com outros Orixás de arquétipo feminino, principalmente com Iansã, devido a disputa pelo amor de Xangô. Conta na história que devido sua beleza Oxum conquistou quase todos os Orixás masculinos, pois além de possuir uma beleza rara tinha também uma sensualidade muito grande, o que fez com que seduzisse muitos Orixás, através não somente de sua beleza, mas principalmente sua inteligência.

Por isso, seria reconhecida como sendo a Orixá das relações amorosas, pois conquistou quase todos aqueles em que desejou.

Então através de mamãe Oxum; os fiéis buscam auxilio para a solução de problemas no amor, pois ela seria responsável pelas uniões, sendo a deusa do amor.

7. Características pessoais dos filhos de Oxum

Oxum é símbolo de sensibilidade, de afetividade e por isso, muitas vezes, derrama lagrimas ao incorporar em algum médium. Essa é uma das características transferida aos seus filhos, considerados chorões.

Em geral os filhos de oxum, se incomodam bastante com a opinião alheia ou a opinião pública, se empenham bastante para não tratar com rispidez e machucar ou ofender as pessoas, sendo considerado alguém bastante diplomático e educado em suas relações pessoais, de forma a contornar suas desavenças e desentendimentos com cordialidade.

Por isso, são ao mesmo tempo considerados sensíveis, amorosos, sofisticados como também manipuladores e vingativos, por usarem de forma articulada sua inteligência contra seus desafetos.

Porém são pessoas muito doces, sentimentais e amáveis e agem muito mais com o coração do que propriamente com a razão.

8. Aparição de Nossa Senhora

Segundo relatos, a aparição da imagem ocorreu na segunda quinzena de outubro de 1717, quando Pedro Miguel de Almeida e Vasconcelos, conhecido como conde Assumar e governante da capitania de São Paulo e Minas de Ouro. Ambos passavam pela cidade de Guaratinguetá.

Conta a história que o povo de Guaratinguetá decidiu fazer uma festividade em homenagem à Dom Pedro de Almeida, e embora não fosse temporada de pesca os pescadores decidiram lançar seus barcos no Rio Paraíba do Sul com a intenção de pescar e oferecer os peixes ao conde. Povo de bastante fé, rezaram para a Virgem Maria e Deus para que os ajudassem. Após várias tentativas frustradas, desceram o rio até o Porto Itaguaçu, e, quando já estavam a desistir, João Alves jogou novamente a rede e ao invés de peixes, apanhou o que seria o corpo de uma imagem da Virgem Maria, sem a cabeça. Porém, ao lançar a rede novamente, apanhou a cabeça da imagem que foi imediatamente envolvida por um lençol.

Logo após terem retirado a imagem e recuperado as duas partes, a figura da Virgem Apareceu e era tão pesada que nenhum deles conseguis mais movê-la. Após a terem erguido, lançaram novamente a rede e apanharam tantos peixes que os forçou a voltar para o porto, pois o volume ameaçava afundar os barcos. Esta teria sido a primeira intercessão atribuída à santa.

9. Coroação e manto azul

Foi no dia 6 de novembro do ano de 1888 que a princesa Isabel visitou pela primeira vez a basílica e ofertou à santa como forma de pagamento de uma promessa realizada em sua primeira visita em 8 de dezembro de 1868, conjuntamente com uma coroa cravejada de diamantes e rubis, juntamente com um manto azul ricamente ornado que são até hoje símbolos usados pela santa.

Em 8 de dezembro de 1904, a imagem finalmente foi coroada com a riquíssima coroa doada pela princesa Isabel com o manto anil, bordado em ouro e pedrarias, símbolos de suas realeza e santidade.

Esta data também foi sacramentada como o dia de sua festividade nas religiões de vertente espírita umbandista e candomblecista.

10. Sincretismo

No catolicismo, Oxum é representada por Nossa Senhora da Conceição Aparecida, popularmente também chamada de Nossa Senhora da Conceição, Nossa Senhora do Carmo, Nossa Senhora dos Prazeres e Nossa Senhora das Candeias. A santa católica é representada por uma pequena imagem de terracota, que atualmente encontra-se alojada na Catedral Basílica de Nossa Senhora Aparecida, templo religioso católico, localizado na cidade de Aparecida, em São Paulo.

A santa, também conhecida como Senhora Aparecida das águas, é fruto de amor e devoção por todos aqueles que a cultuam. Uma das mais populares e reconhecidas dentro e fora da cultura religiosa católica, tendo sua imagem considerada como padroeira do Brasil, uma vez que foi encontrada em águas brasileiras, onde seu primeiro milagre também aconteceu, segundo a crença daqueles que presenciaram sua descoberta.

Na Umbanda, Oxum é conhecida como "mãe águas doces" ou dona dos rios e das cachoeiras e deusa do ouro também, batalha em favor das causas do arquétipo feminino e da reprodução humana. Um dos Orixás mais cultuados nas religiões afro-descendentes.

É bastante comum que os Orixás sejam comparados ou sincretizados com santos católicos, principalmente porque o Brasil é um país que foi colonizado por português e católicos, e mesmo que os Orixás fossem totalmente proibidos nos cultos dos escravos, os escravos colonizados do continente africano, para que pudessem honrar seus guias, praticavam suas crenças e cultos associando aos santos católicos, martirizados através da crença apostólica romana.

Mesmo com o forte sincretismo, Oxum é um Orixá das religiões de matriz africana ou "vertente espírita", como a umbanda e o candomblé, igualmente considerada arquétipica representação materna/feminina da pureza, do carisma e da bondade. Dona dos símbolos da fraternidade, maternidade, amor e caridade, que se molda a forma de mãe guiadora e protetora, onde a única intenção é cuidar e proteger seus filhos.

Carrega consigo o dom da fertilidade. Isso quer dizer, da mãe que dá à luz a todos os filhos da terra, não necessariamente que tenham nascidos dela, mas que estejam sobre a vossa amorosa proteção, acalanto e benção; porque é este o alimento materno espiritual que ela concede a todos os seus. Essa é a verdadeira benção da vida, o alimento que nutre o corpo e alma em um mesmo desejo que todos estejam bem alimentados e nutridos de paz, luz, amor e esperança divina.

Porque a mesma benção capaz de trazer redes cheias de peixes, é também à mesma que se derrama em forma de alimento nascido do cume da terra para abastecer a terra e o solo que produzirá as sementes que alimentarão todos os homens, sendo ou não vossos filhos devocionais, porque todos são vossos filhos espirituais por ordem divina.

11. Nossa Senhora ou Oxum? Quem é a Santa?

Um santo será eternamente um representante divino independente da religião ou das nossas crenças e doutrina de terra. Independente do continente que se origina, independente de sua vocação, sua missão espiritual jamais mudará, assim como jamais será reconhecido por outra coisa, senão aquilo que tenha nascido para eternamente representar e ser.

Portanto, não importa a doutrina religiosa ou a forma em que será reconhecido nela. Se este será reconhecido como Santo, se será reconhecido como Orixá, se será reconhecido como um mensageiro de Deus, um devoto mártir ou uma sagrada divindade ou então um guerreiro de uma antiga tribo.

Não importa se será reconhecido como médium, sacerdote, pregador ou representante das forças santificadas da natureza ou qualquer que seja o significado oculto. O que importa é o cumprimento de sua missão de terra, pois esta o fará reconhecido por aquilo que nascido foi, e eternamente será.

Então quando nos deparamos com esse poder de luz e força frutífera que manipula as energias das águas, uma certeza teremos em nossos corações! Suas águas sempre serão cheias de fluídos divinos e espirituais derramados por Deus, para nos abastecer e nos alimentar, seja através das energias que nascem das águas das quais jamais poderíamos viver sem, seja através da doçura e encanto fraterno que desce de vossos braços em forma de águas correntes para nos abençoar.

Portanto, é comum essa preocupação ou pouco entendimento entre crer em Nossa Senhora Aparecida ou Oxum que muitas vezes afeta nosso entendimento. Porém, jamais afetará nossa fé verdadeira no espírito de luta e de batalha humana e espiritual, pois fala sobre a personificação de uma entidade carregada de poderes e forças sobrenaturais que independe da religião do nome de terra ou do continente que tenha nascido para exercer a sua missão espiritual. Porque, nada impedirá que este ser, faça em terra exatamente aquilo que veio fazer.

Pois muitas vezes o que querem nos mostrar é o extremo poder das forças sobrenaturais divinas que todos os homens necessitam em terra e dela podem fazer uso, desde que estejam vibrando na corrente de energia que os liga do campo terreno ao campo espiritual através da fonte de energia direta, entre os homens e o Criador. Corrente essa que irradia força de vitalidade ou energia vital ao qual também chamamos de força de luta e de batalha, diante de nossas necessidades de terra.

Teologia Espírita
Oxum

OXUM |31| A Bíblia Real
ESPÍRITA

1. Mártir ou Orixá? As Fontes Divinas

Não existe entidade mais ou menos santa. Existem servos de Deus cumpridores de missões espirituais passando pelo campo terreno como criaturas vivas, pois é assim que nascem os exemplos vivos que futuramente chamaremos de Mártir, Orixá, Divindade ou Santo em terra.

Porque a passagem terrena de um ser altamente evoluído (Orixás, mártir ou divindade) pelo campo terreno em forma humana cumprindo sua missão celestial é para nos ensinar a atravessar a missão carnal/espiritual, servindo de exemplos vivos. De forma que possamos compreender essas forças divinas que ocultamente nos auxiliam e nos abençoam para que um dia possamos fazer com total consciência as nossas próprias escolhas de batalhas pessoais.

Então o que esta entidade divina carrega dentro de si, ou de onde parte seu poder de forças ou energia espiritual para que possa ser uma fonte de vida ou de novas vidas em terra, cumpridora de sua própria missão? De onde nasce sua força vibracional de amor, luz e caridade, uma vez que em terra foi um ser encarnado como qualquer outro ser humano?

Os Orixás são espíritos altamente evoluídos que estiveram sim em terra para o cumprimento de uma missão, porém espíritos altamente evoluídos, que carregam dentro de si uma extrema força nascida de uma Fonte de energia direta (fonte de energia divina que é jorrada por Deus) de forma totalmente natural, para cumprimento de missão em nome de Deus.

Esta verdade não tira de nenhum Orixá sua "divindade" ou santidade, uma vez que o próprio Jesus, filho único de deus, ou espírito único preparado para a missão de ser representante de Deus, também esteve em terra, e viveu assim como qualquer outro homem, e esse fato jamais o impediu de ser reconhecido como o próprio Deus encarnado!

Portanto terem sido homens ou mulheres, assim como todos os outros homem e mulheres, não tira de nenhum Orixá a alteza e grandezas de vossos espíritos, assim como não tira dos santos martirizados pelo catolicismo, as suas grandes e vitórias e missões em nome de Deus, ou seria Maria mãe de Jesus, menos altiva, pura e santa por ter nascido em terra e ter concebido o filho de Deus em terra? A resposta é não, pois são espíritos muitíssimo grandes aos olhos de Deus, nascidos de vossas próprias fontes de energia e luz divina e espiritual cumprindo missões em vosso próprio nome.

Essas fontes de energia direta são encontradas através da junção das energias que naturalmente existem e vibram em campo terreno, nos elementos vivos criados por Deus. Por exemplo: às águas, as matas, o solo árido, o oxigênio e tudo o que possa existir na natureza ou por força da natureza, existe uma fonte de energia divina vibrando luz divina derramada pelo próprio Deus.

Essa vibração que sustenta essa energia de

força de frutificação e renovação de vida ao qual Oxum carrega, representa aquilo que espiritualmente é derramado através da natureza por Deus e que todos nós podemos utilizar, basta compreendermos como vibra esta específica fonte de equilíbrio fraternal, amor e paz e nos conectarmos com ela através da vibração espiritual.

Então o poder de forças que são revertidos para as batalhas, para as lutas, para a frutificação, para a saúde ou para a morte, ser são energias santificadas e governadas por entidades chamadas de Oxum, Ogum, Iemanjá, Oxossi, Obaluê etc…

O poder de forças de frutificação, refrigeração, alimento espiritual e carnal ou renovação da vida representa aquilo que espiritualmente Oxum recebeu de Deus para manipular, por isso quando esteve em terra esteve totalmente ligada à fertilidade à procriação, ou seja, à continuidade da vida humana. E a vida humana somente pode ser continuada através do amor da caridade e da pureza espiritual permitida do Deus.

Então, quando falamos de dons espirituais ou dom mediúnico, também estamos falando da utilização das fontes de energia direta, que são as energias manipuladas pelos Orixás para que possamos reverter estas energias para aquilo que é a nossa missão em terra, assim como eles mesmos o fizeram.

Por isso, a fertilidade e a procriação que aquela "mulher Oxum" desempenhou em terra, é parte de vossa missão que parte do cumprimento da missão dela mesma como grande cumpridora da ordem divina.

Mas tudo isso também faz parte de um antigo processo de compreensão das atividades espirituais de um ser encarnado, onde o sincretismo e as lendas já enraizadas nas culturas religiosas, nos faz acreditar de forma ainda rasa. Pois este é o mesmo processo que nos faz pensar que, para crer em Nossa Senhora Aparecida teríamos que desacreditar em Oxum ou que crer em Oxum seria o mesmo que trair a crença na santa ou na igreja que a tem como santidade; quando em verdade, tanto uma quanto a outra são espíritos com missões semelhantes, utilizando-se da mesma fonte de energia direta para o cumprimento de suas missões em terra.

Porque o cumprimento de missões independe da doutrina religiosa, uma vez que esta, está muito mais ligado as crenças interiores e íntimas de cada ser conforme seu processo evolutivo espiritual e não a uma instituição social de terra.

Mas este antigo processo de compreensão das atividades espirituais de um ser encarnado e o sincretismo enraizado como algo errado ou estranho em nosso processo individual de aprendizagem, jamais poderá retirar as verdades de cada um, pois as suas próprias verdades pertencem a você mesmo. Então nos resta respeitar as diversas doutrinas de terra, assim como as diversas crenças de cada ser, pois a verdade de Deus à Deus pertence. Pois nem tudo cabe ao homem saber, apenas crer e seguir suas próprias crenças em direção ao seu Criador.

2. Filhos da vida

A cultura e a história nos contam sobre uma promessa muito antiga e sincera de que o chamado para servir essa mãe da terra, será tão puro e doce quanto às águas que a Senhora Oxum adentra; e ainda que nossos caminhos sejam escritos em letras de sangue, devido as dores e sofrimentos naturais da vida seus doces encantos, serão como saudação de Maria recendo seu amado rebento nos braços.

Por isso, essa vibração tão especial nos diz que independente das dificuldades e desafios, ser filho desta linda rainha, será como nos encontramos em distantes vales de lagrimas e ao mesmo tempo em berços ternos e nobres, recobertos em suas riquezas espirituais e santas. Porque mesmo em meio à falta de sabedoria à falta de visão, à falta de discernimento ou compreensão de nossos caminhos, e nossas buscas de terra, ela será nossos próprios olhos, mãos, visão, sabedoria e tudo o que for necessário para que façamos a travessia da vida carnal para o entendimento da vida espiritual; da vida da alma que somente quem tem a alma pura e santa poderia ter sobre todas as coisas.

Vá para a direita, vá para a esquerda, caminhe para à frente sem olhar para os lados.... sim, teremos a sensação de que temos um "sexto sentido" muitíssimo apurado em muitos momentos de nossas vidas, porém essa voz que ecoa de dentro de nossas cabeças das quais não sabemos exatamente de onde vem, são como o eco do canto da mais pura e linda sereia, nos indicando os caminhos a serem percorridos por nós, seus amados e adorados filhos da vida.

Então, sermos filhos de um Orixá é como sermos filhos do mundo, ou filhos de Deus nascidos de ventres sagrados direto do mar, das águas, das rochas, das florestas, dos raios, da vida-morte que sustenta a carne e preserva a alma para que sejamos encaminhados as fontes seguras de Deus em terra.

Sermos filhos de Oxum é possuir a sabedoria nascida das fontes divinas que se derrama, por sobre a terra e nutrem a carne e o espírito em um único sopro divino e espiritual, vibrando luz, sabedoria e amor.

É mergulhar nas águas calmas para acalmar o coração, é adentrar o escuro do útero materno/espiritual para sentir a paz divina pulsando pelas veias e ascendendo a luz da vida que nos forma e nos transforma em seres encarnados e espíritos banhados de abrigo, e ao mesmo tempo nos dando caminhos e direções, para caminharmos, não importa em qual dos mundos. Mas certos que estamos acalentados e aconchegados em braços sagrados e divinos através da mãe terra, sentindo a paz do sagrado Deus, o nosso Criador.

3. Natureza santa e os Santos

A natureza é a força santificada por Deus para abastecer a vida carnal, porque é sobre a natureza que Deus jorra todas as energias espirituais que o campo terreno precisa e também manipula as energias em terra existentes. Enquanto os santos são as fontes de energia de Deus que emanam as energias espirituais santificadas para alimentar os encarnados de luz divina. A natureza é a fonte recebedora destas energias santificadas, atuando como um campo de recolhimento das fontes de energia direta de Deus.

Como funciona? A natureza é formada de vários elementos orgânicos e essenciais criados por Deus para que a vida na terra possa existir, e é através da natureza que Deus manipula a vida que nasce, cresce se alimenta e se finda em campo terreno. E tudo isso, só é possível por força da própria natureza que recebe as energias essenciais de Deus para essa missão de alimentarem os homens e mantê-los vivos, até o fim de suas missões. Mas tudo isso só é possível com a ajuda dos santos.

E como isso acontece? Deus precisa jorrar sobre o campo terreno suas próprias forças espirituais, porém, as energias do Senhor Deus de tão grandes que são poderiam destruir o campo terreno. Imagine você colocar o planeta júpiter dentro de uma caixinha de sapato? Impossível não é? Isso é Deus, criador de todos nós, uma força descomunal e muitíssimo grande para colocar dentro do campo terreno. Então o Criador, criou e ordenou os Santos para que façam esse trabalho em seu nome. Isso quer dizer, ele criou e ordenou 7 distintas energias de poderes essenciais e as santificou, para que possam através desta divisão de forças em outras 7 fontes de energias, Ele mesmo sustentar os elementos orgânicos e os seres encarnados. E assim, conseguir manter todos os seres que possam existir igualmente vivos por ordem divina.

Por isso os Santos são a força divina que alimentam o campo natural e não a própria natureza, pois esta não possui vida por si própria, a não ser através do poder e da ordem de Deus de cumprir a missão de alimentar a vida da terra.

4. Porque representam as forças da natureza

Os Santos descarregam suas forças espirituais, compostas por luz divina e cheias de energia santificada sobre os elementos da natureza, eles não são a própria natureza, mas sim receptores das forças divinas e "derramadores" destas forças sobre a terra.

O poder de manipulação dos elementos naturais vem exatamente deste fato, pois ao mesmo tempo em que as recebem precisam também derramar, caso contrário seriam destruídos devido o tamanho da força que recebem e manipula. Então, derramar sobre algum elemento que pertence à em terra é a forma de trazer em terra as forças de Deus. E a natureza grandiosa e poderosa que é, recebe todas essas energias e as tornam vivas tornando vivo tudo o que tem vida orgânica.

Por isso, as forças espirituais santificadas representam o poder da natureza, pois estão diretamente ligados ao poder natural dos elementos da terra, consagrados por Deus. E todas estas energias e formas de emanação nos direcionam ao Criador. Pois todas as criações estão ligadas a Ele por meio da verdade que se expressa na natureza e sem esta verdade não há vida na terra. Então, sem os elementos naturais não seria possível existir vida. Logo, os Santos são aqueles que representam o próprio pó da vida, da qual sem ar, água, terra, fogo e ar, não se pode existir vida.

5. Oxum, santidade sobre águas doces

Conforme compreendemos os Santos recebem e derramam sobre a terra as energias santificadas por Deus, uma vez que essas energias são divididas em sete raios de forças distintas.

A entidade espiritual santificada que divinamente recebe a ordem de jorrar uma determinada força de luz sobre o elemento água, não as águas do mar e sim as águas que caminham sobre a superfície da terra, recebe o nome de Oxum em campo terreno.

Essa determinada santidade, caminha sobre a missão santificada de carregar e jorrar as forças espirituais de Deus sobre as águas que nascem e correm sobre a superfície terrena, pois diferentemente das águas do mar, as águas da superfície ou águas doces, espiritualmente tem a função de refrigerar os demais elementos que partem do cume da terra, como o elemento árido (o solo), o elemento rocha, ou rochedos e pedras. Essa entidade também tem por missão, caminhar por sobre toda superfície e por debaixo dela para ser o sustentáculo espiritual e orgânico das sementes que brotaram os alimentos, pois estas necessitam de muita água para que possa nascer.

Outra das inúmeras funções das águas da superfície é carregar e transportar as energias captadas ao longo de seu percurso terreno para as desembocaduras marinhas, descarregando assim as forças que ficaram acumuladas em sua unidade, limpando e purificando as energias encontradas nos próprios elementos naturais e orgânicos das quais circulou.

6. Oxum Orixá do amor

Quando falamos na força de Oxum, que é a Orixá que representa essa energia espiritual santificada, que derrama as forças de Deus o Criador em terra, mais precisamente sobre as águas calmas, logo pensamos em força de renovação em frutificação ou em força de vida que são energias capazes de darem vida as outras vidas terrenas e materiais.

E isso acontece através do poder de refrigerar e alimentar todas as vidas que já estão vivas e que ainda irão nascer por força do seu transbordamento purificado por sobre a terra e por sobre o solo superficial, (as plantações, as matas e florestas e os seres encarnados) para que as novas sementes possam ser alimentadas e brotar as novas ervas, ervas essas representadas por todas as formas de alimento de terra, e assim alimentar os homens.

Pois os novos frutos que irão nascer e darem continuidade as vidas terrenas, somente poderão de fato nascer, se acaso as sementes forem regadas, porém regar as sementes é além de molhar por meio da sagrada chuva, mas também refrigerar por baixo do solo sagrado da terra.

Por isso todas as vidas que possam nascer no campo terreno, sejam estas, orgânicas, inorgânicas, reptilianas ou aquáticas, somente poderão ser vivas por uma permissão divina.

Então esse Orixá que está ligado ao amor, à fragilidade e a vida através da geração de uma nova vida, está diretamente ligado ao abastecimento de energia sagrada através das águas puras e calmas, que possibilita as novas vidas serem geradas e nascerem em campo terreno, pois somente a força do amor é capaz de se estender ao campo terreno e derramar-se sobre os próximos para que estes possam ser alimentados da força de Deus, das forças e energias orgânicas e cumprirem as suas missões espirituais.

7. Simplesmente Oxum Orixá

A força vem do espírito, mas a sabedoria, o amor e a fertilidade vêm da mulher que nasce da força das águas doces, pois a água é alimento sagrado da vida. Oxum é mulher nascida das águas que refrigeram e dão vida a outras vidas.

A vida não é somente andar por sobre a terra, é alimentar a alma e o ventre de total compaixão; é servir de ventre divino para as novas almas que precisarão chegar; é ser espírito e ser carne que se juntará às outras geradoras e guerreiras; e juntas darão as próprias vidas para servirem de alicerce espiritual de força e emanação divina se preciso for.

Ser Oxum não é simplesmente transbordar-se em liquido fluídico, mas carregar o segredo da vida em vosso próprio ventre; é proteger com a alma divina e transportar com segurança materno espiritual todos os filhos de Eva que descem as suas "novas casas". É carregar em estado de doçura até que a força da terra possa libertá-lo para a compreensão da nova vida que se iniciará.

É gerar um poderoso e majestoso conhecimento que caminhará por si mesmo, porém jamais deixará de ser filho de sua única e poderosa mãe espiritual, até que o estado de deslumbramento terreno se finde, e voltem à casa eterna do pai celestial cobertos de amor de gloria, pois fora glorificado por Oxum nome de Deus.

8. Abrigo divino

O campo terreno é um campo de lapidação de almas através das missões que cada espírito encarnado possui. Espiritualmente aqui, é um abrigo sagrado que recebe todas as forças, poderes e emanações de Deus, tornando-se uma casa sagrada para lapidação de almas. E somente se tornando uma casa sagrada poderia mostrar ao ser humano o poder de amor que o Criador possui, quando cria espiritualmente fontes de emanação de energia direta, espíritos que recebem para encaminhar para a essa terra, tudo aquilo que somente Ele poderia, que são as energias santificadas em forma de amor, caridade, bondade, frutificação, luz, sabedoria, conhecimento, ciência e poder de justiça que somente ele em verdade possui. Porque ainda que os seres de terra tenham tudo isso, esse tudo, foi recebido de algum lugar ou de alguém; e esse lugar é o campo celestial e esse alguém é o próprio Deus, através dos espíritos santificados.

Mas somente com todo esse preparo que a terra recebe e com todas essas emanações cheias de luz divina com o auxílio dos santos, é possível nascer, crescer e cumprir missão aqui deste lado. Ainda que o campo terreno seja um campo de aprendizado, uma vez que todos os espíritos que aqui se encontram estão de alguma forma buscando sua evolução através de lições espirituais por força de alguma lição que esteja passando, lições estas que muitas vezes chamamos de dificuldades, aqui é o maior campo espiritual e sagrado de amor, caridade e bondade; porque Deus em sua eterna bondade além de nos criarmos espiritualmente, nos concede vivermos neste campo espiritual lindo e capaz de nos atender em todas as nossas necessidades.

Este é o único campo espiritual que possui águas límpidas para nos alimentar e refrigerar, solo sagrado para pisarmos e caminharmos, alimentos que brotam do chão para nos alimentarmos, as aves voam tranquilas e serenas, nos mostrando como a vida pode ser leve, tranquila e divina; aqui temos lindas paisagens e vegetações, oxigênio puro para nos abastecer, as vidas nascem e se renovam todos os dias. E tudo isso somente é possível com a santa e sagrada contribuição dos santos, que são espíritos altamente preparados e sagrados em nome de Deus que os permitem serem o elo entre Ele e nós seres humanos, filhos aprendizes do que significa o amor verdadeiro.

E os santos que são estes elos que nos ligam à Deus são a representação do que é o amor divino em sua plenitude, pois tudo fazem por nós, e em nossos nomes. Sem nos perguntar absolutamente nada, sem se importarem se somos bons ou não uns com os outros, sem se importarem se somos verdadeiros em nossas caminhadas ou se estamos aprendendo as lições espirituais ou pregando e fazendo tudo ao contrário do que é a ordem divina. Então os santos, são a mais pura representação da face de Deus, nos abençoando e nos trazendo luz divina, amor, caridade, piedade, compreensão e justiça divina em forma de alimento espiritual, para o corpo e para alma.

Devocionário aos Santos e Servos de Deus

OXUM |55| A Bíblia Real
ESPÍRITA

1. Conhecendo os Santos

Deus em vossa plenitude misericordioso permite que os espíritos mais altivos e preparados espiritualmente sejam vossos servos espirituais, nas lutas e serviços santos, para que faço ou o elo espiritual jamais se quebre diante da vossa verdade. Os santos são o poder que está em tudo e encontra-se em tudo, porque cada espírito santo e sagrado é uma ponta deste elo espiritual criado por Deus, para que todos estejam seguros embaixo do manto sagrado de Deus.

Isso quer dizer que mesmo diante das maiores dificuldades de terra, ainda que não possamos falar diretamente com o Criador e lhe pedir socorro, ainda assim existirão aqueles que carregam as forças e energias de Deus e irá levar nossas preces e nos ajudar diante de nossas dores e dificuldades.

O Pai Maior jamais nos abandonará, porque aonde existir uma intenção boa em vosso nome lá Ele estará, ainda que através de um de seus servos, os Santos, que carregam as vossas energias santificadas e vontade de nos acolher e nos cuidar em todos os momentos de nossas caminhadas terrena.

A bondade divina é eterna, por isso, ele nos abençoou com esses espíritos santificados para que jamais estejamos sozinhos e desamparados, porque ainda que Ele mesmo não adentre em espírito neste campo sagrado, sempre haverá um espírito preparado em vosso nome para nos socorre e nos abençoar representando ele mesmo, carregando as vossas próprias luzes.

E essa verdade não muda devido a igreja, ao templo, a casa espiritual; porque santo é santo em qualquer lugar, suas ações e missões independem dos encarnados. Porque ainda que estes possuam cargos e patentes de terra diante de suas doutrinas, em nada suas vontades podem interferir naquilo que devem fazer em nome daquele que vos criou e vos ordenou a serem o que são. Por isso, os santos não caminham sobre ordens e diretrizes de homens de terra, mas sim sobre as ordens e diretrizes espirituais que os regem e vos guardar em casas sagradas celestiais.

2. Falando com Deus através dos Santos

Falar com os Santos é falar com Deus, então não importa a onde você esteja, ou em que momento da vida você esteja. Todas as vezes que procurar a intercessão divina através dos santos eles estarão prontos para vos socorrer, afinal foram criados, preparados e ordenados para essa função. A maior alegria e prazer espiritual para um espírito é saber que o seu trabalho santo é de fato a luz e a salvação na vida daqueles que precisam de vossos auxílios.

Então não tenham medo de lhes invocar e pedir tudo aquilo que desejarem, santo é santo em qualquer lugar, pronto para auxiliar todos os necessitados. E não é porque um encarando tem por guiador ou (pai e mãe) uma determinada unidade espiritual, ou um determinado espírito que não poderá recorrer suas preces ou devoção a outro espírito. Os santos são espíritos criados justamente para nos atender, a missão deles na vida individual de cada encarando, em nada interfere em relação a intercessão divina, porque uma coisa são as doutrinas de terra outra coisa, são as verdade e razões pelos quais estes espíritos foram criados.

Por isso não tenham medo de lhes invocarem em preces, músicas, sons ou a forma que lhes tocarem os corações, porque eles são as verdadeiras fontes de luz criadas por Deus para nos ajudarem e entre eles, não existem vaidades, desejos individuais, vontades próprias, quereres exclusivos, competições ou nada que se refira aos sentidos humanos e encarnados, apenas energia espiritual divina de luz, amor e caridade.

3. Santificados sejam todos os Santos

Devoção aos Santos Espíritos

Santificados sejam todos aqueles que estejam dispostos a trabalharem em nome de Deus para servir ao Criador em favor dos homens da terra, sendo as fontes de energias diretas de Deus para que os homens sejam nutridos e alimentados em todas as suas necessidades de homens. Evocados em nome da santidade que é Deus, sejam todos os espíritos que distribuem luz, amor e caridade, sem pedir nada em troca, apenas pelo compromisso e a missão espiritual para que sejamos aliviados de nossas dores e opressões de homens.

Iluminados sejam todos aqueles que escutam e temem a Deus em todos os vossos dias, pois estes sabem quem é o verdadeiro Deus e a vossa verdadeira força de vida e de morta, ainda que estas estejam distribuídas através dos santos em prol dos que caminham sobre o verdadeiro espírito de luz e de bondade, único capaz de dar e de tirar a vida dos filhos da terra.

Louvados sejam todos aqueles que abrindo mão de suas próprias unidades, atuam única e exclusivamente a atender a vontade do senhor Deus para que toda as vossas determinações sejam cumpridas

Abençoados todos os que se sacrificam e se imolam em nome da força maior e do poder supremo, não por medo do fim e da morte, mas por devoção de amor e de verdade a o Deus maior, criador de todas as coisas. Amém.

4. Devoção aos Santos Espíritos

Devoção aos Santos Espíritos

Benditas sejam todas as almas, que ainda que vivam sobre a luz de Deus, caminha nas escuridões dos infernos e dos abismos de sofrimento e de dores para auxiliarem aqueles que mais precisam do amor divino, pois ainda que estejam perdidos e cegos de vossas verdades sempre terão irmãos dispostos em vos auxiliar, ainda que isso custe as vossas próprias vidas, distante dos paraísos.

Louvados sejam todos os que se entregam em amor e em verdade, até que o fim lhes console, ainda que caminhem dentro e fora dos vales escuros e sombrios da morte, por amor e em amor ao vosso Senhor Deus que vos ordena, ilumina e guarda embaixo de vosso sagrado, porém doloroso manto de paz, amor e de bondade.

A BÍBLIA REAL
ESPÍRITA

CONHEÇA A BÍBLIA REAL, A PRIMEIRA BÍBLIA ESPÍRITA DO MUNDO

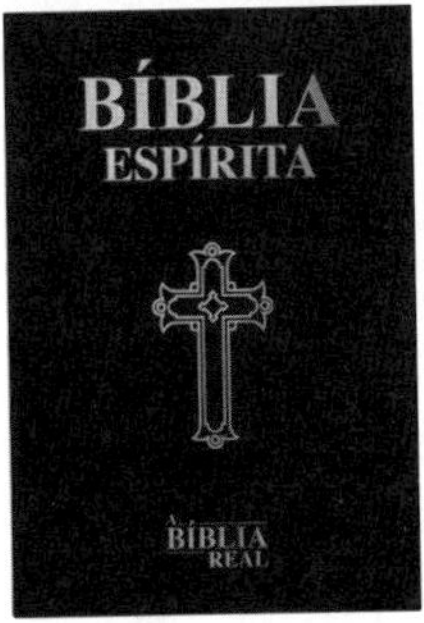

Comunidade Espírita de Umbanda Coboclo Ubirajara

Rua Doutor Almeida Nobre, 96
Vila Celeste - São Paulo - SP
CEP: 02543-150

OXUM |63| A Bíblia Real
ESPÍRITA

- **WWW** www.abibliaespirita.com.br
- **Ⓘ** @abiblia.espirita
- **▶** A Bíblia Espírita
- **f** A Bíblia Real / Bíblia Espírita
- **f** faceboook.com/cabocloubirajaraoficial/
- **f** faceboook.com/exuecaminho
- **f** faceboook.com/babalaopaipaulo
- **f** faceboook.com/claudiasoutoescritora
- **@** contato@editorarochavera.com.br

Editora Rochaverá
Rua Manoel Dias do Campo, 224 – Vila Santa Maria – São Paulo – SP - CEP: 02564-010
Tel.: (11) 3951-0458
WhatsApp: (11) 98065-2263

EDITORA ROCHAVERÁ